101
Adivinanzas
chilenas para
niños y niñas

Enrique Marchant Díaz

101 Adivinanzas *chilenas* para niños y niñas

Catalonia

MARCHANT DÍAZ, ENRIQUE

101 Adivinanzas chilenas para niños y niñas /Enrique Marchant Díaz

Santiago de Chile: Catalonia, 2021
110 p. 15 x 23 cm

ISBN: 978-956-324-909-5

LIT. INFANTIL
808.068

Diseño e imagen de portada: Sandra Conejeros Fuentes
Corrección de textos: Hugo Rojas Miño
Dirección editorial: Arturo Infante Reñasco
Diagramación: Sandra Conejeros Fuentes
Impresión: Salesianos Impresores S.A.

Editorial Catalonia apoya la protección del derecho de autor y el copyright, ya que estimulan la creación y la diversidad en el ámbito de las ideas y el conocimiento, y son una manifestación de la libertad de expresión. Gracias por comprar una edición autorizada de este libro y por respetar el derecho de autor y copyright, al no reproducir, escanear ni distribuir ninguna parte de esta obra por ningún medio sin permiso. Al hacerlo ayuda a los autores y permite que se continúen publicando los libros de su interés. Todos los derechos reservados. Esta publicación no puede ser reproducida, en todo o en parte, ni registrada o transmitida por sistema alguno de recuperación de información. Si necesita hacerlo, tome contacto con Editorial Catalonia o con SADEL (Sociedad de Derechos de las Letras de Chile, http://www.sadel.cl)

Primera edición: octubre 2021
Segunda edición: mayo 2022

ISBN: 978-956-324-909-5
Registro de Propiedad Intelectual: 2021-A-9397

© Enrique Marchant Díaz, 2021
© Catalonia Ltda., 2021
Santa Isabel 1235, Providencia
Santiago de Chile
www.catalonia.cl - @catalonialibros

ÍNDICE

Fauna de Chile	7
Aves de Chile	13
Elementos del universo	19
Elementos de la naturaleza	25
Fenómenos atmosféricos	31
Las estaciones del año en Chile	37
Los colores	43
Alimentos chilenos	49
Instrumentos musicales chilenos	55
Partes del cuerpo	61
Partes de la cara	67
Frutas y verduras	73
Las vocales	79
Flora de Chile	85
Juegos chilenos tradicionales	91
Medios de transporte	99
Respuestas	108

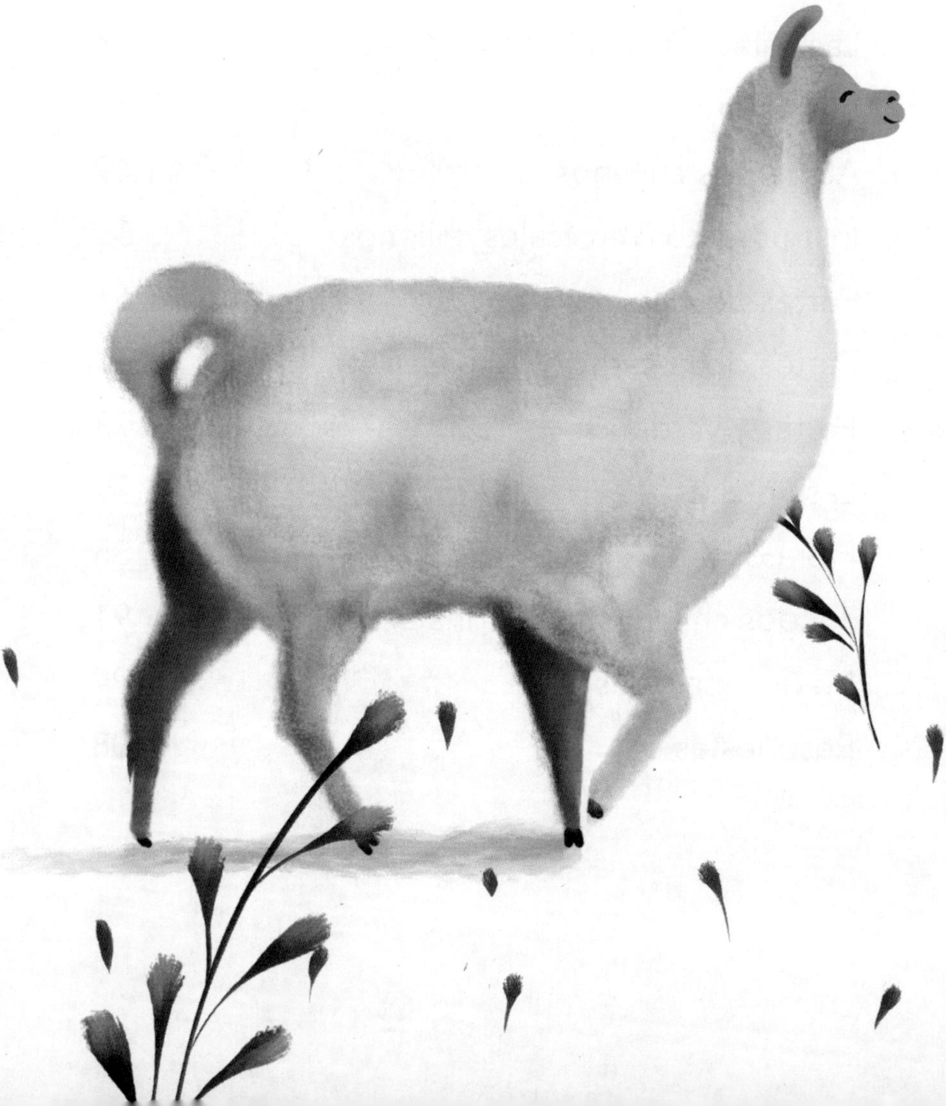

Fauna de Chile

Dos cuernos, cuatro patas

tiene este bello animal

vive en el sur de la patria

y en el escudo nacional.
(1)

En todo Chile me encuentras

mi cola es peluda y chillo

mi nombre rima con gorro

y chilla es mi apellido.

(2)

No es oveja, pero tiene lana

no es fuego, pero es llama.

Este animalito nortino

¿sabes cómo se llama?

(3)

Voy casi siempre solitario

y en casi todo Chile habito

si no fuera por mi gran porte

casi sería un gatito.

(4)

No soy lobo de tierra
y en el mar me animo
yo no soy marinero
pero mi apellido es marino.
(5)

Roedor del desierto del norte
grandes orejas y dientes
ni grande ni chico de porte
salta en las piedras calientes.
(6)

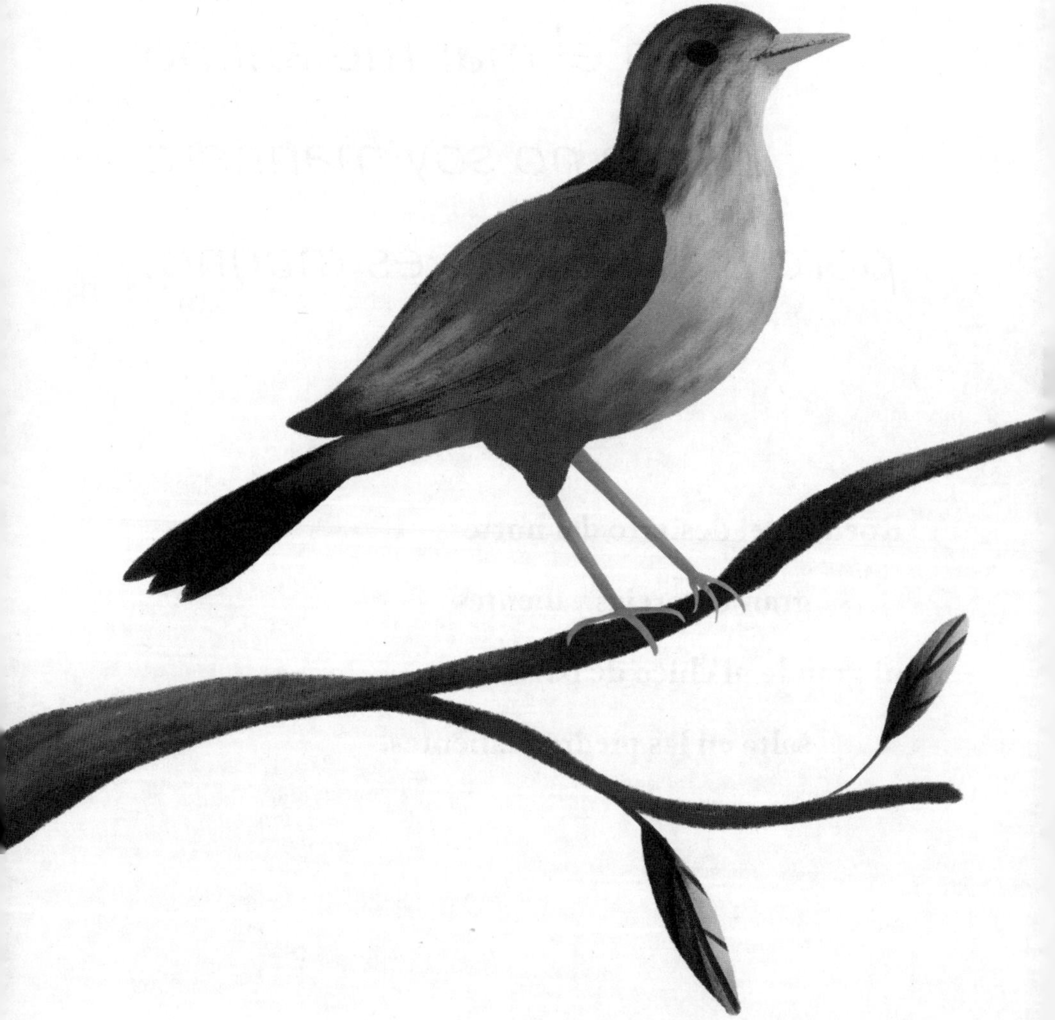

Aves de Chile

Ave que viste de negro

bufanda blanca y alas enormes

tiene sombrero rojito

a ver si adivinas su nombre. (7)

Viste de negro y de blanco
    le da por gritar y gritar
        siempre acompaña a los botes
            a las orillas del mar.
(8)

No es ni chico ni grande
salta en las ramas feliz
pega al suelo su oreja
y saca una larga lombriz.
(9)

Es un pequeño pajarito
su nombre empieza con chin
su cabeza lleva un copetito
y canta chiu chiu chi.
(10)

El más bello p a j a r i t o

me han dicho y m u c h o más

tres más cuatro son mis c o l o r e s

c u e n t a y mi nombre sabrás.
(11)

Vuela, vuela hacia adelante

vuela, vuela hacia atrás

pica, pica bajo el sol

pica, pica una flor.
(12)

Soy el más negro de todos

y mis plumas pueden brillar

soy el que más cantos sabe v o l a r.

y salgo en familia a
(13)

Aves de Chile | 19

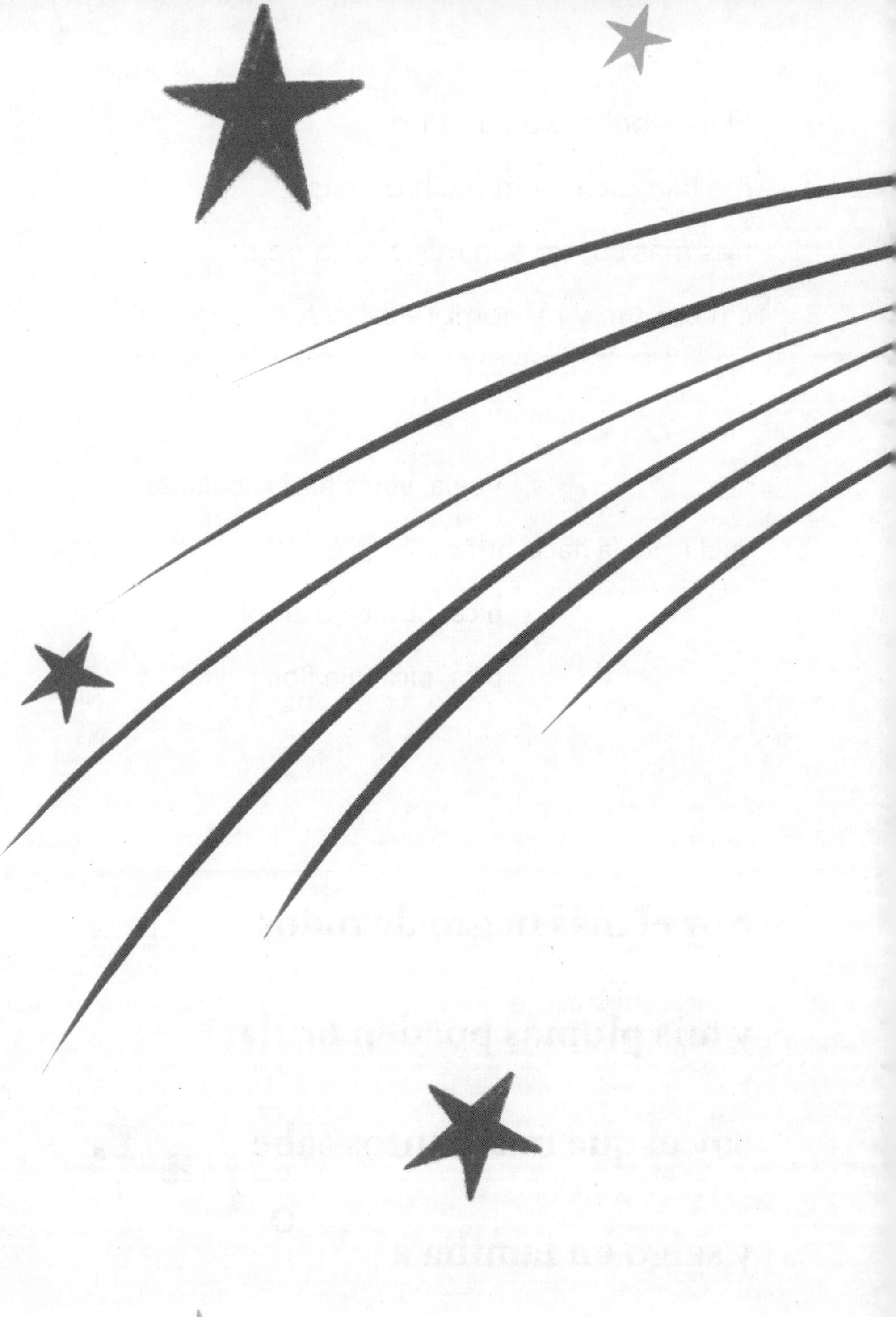

Elementos del universo

En el cielo de la noche

viste de azul y tirita

en la bandera de Chile

ella aparece **blanquita.**
(14)

Tiene una cola muy larga

y una cabeza de fuego

no tiene piernas ni pies

                pero corre ligero.
                    (15)

Una niña **muy blanca**

    pasea en el cielo de noche

a veces muestra su cara

      y otras veces la esconde.
                    (16)

Durante el día recorre

de la montaña hasta el mar

cuando se acuesta oscurece

nadie lo puede tocar.
(17)

Todo el mundo habita en esta casa redonda

está flotando en el cielo

y al sol le hace una ronda.
(18)

Elementos del universo | 25

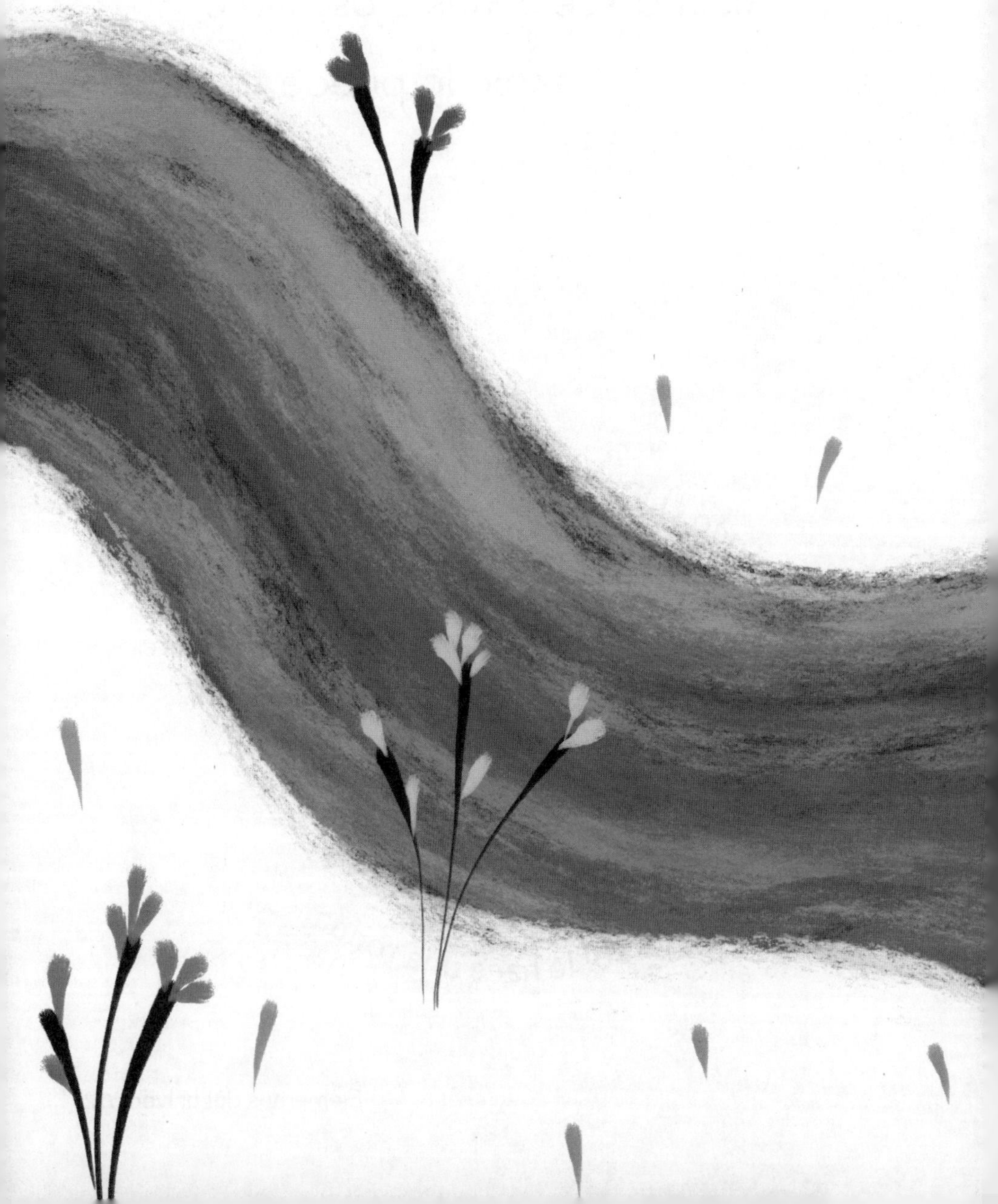

Elementos de la naturaleza

Soy azul y me muevo

mi vestido está hecho de espuma

voy y vengo de nuevo

en la noche reflejo a la Luna.
(19)

Río pero no me río
de la cordillera puedo bajar
mi cuerpo lo tengo frío
y llego viajando hasta el mar.

(20)

Soy montaña grandota

exploto cuando estoy enojona

saco fuego por la boca

y puedo rugir como leona.

(21)

Blanco y gigante, floto en el mar
todo mi cuerpo está congelado
vengo viajando desde un glaciar
si tú me tocas quedas helado.
(22)

Fenómenos atmosféricos

Te peina sin ser peineta

te sopla sin ser bombín

hace ᵇaiˡar a la arena

y a la hierba del jardín.
(23)

Parece una oveja

parece algodón

pasea en el cielo

pero no es un avión.
(24)

Se deja caer desde el cielo
en lagrimitas de cristal
moja los techos y el suelo
con su penita invernal.
(25)

**De las nubes vienen suaves
como plumas congeladas
dejan blanca la cabeza
y las manitos heladas.**
(26)

Un ratito en el suelo
tú los ves descongelar
caen duros desde el cielo
porotitos de cristal.
(27)

Deja el pasto blanco y **tieso**
y las manos **congeladas**
es resbalosa sobre el suelo
y como **vidrio** sobre el agua.
(28)

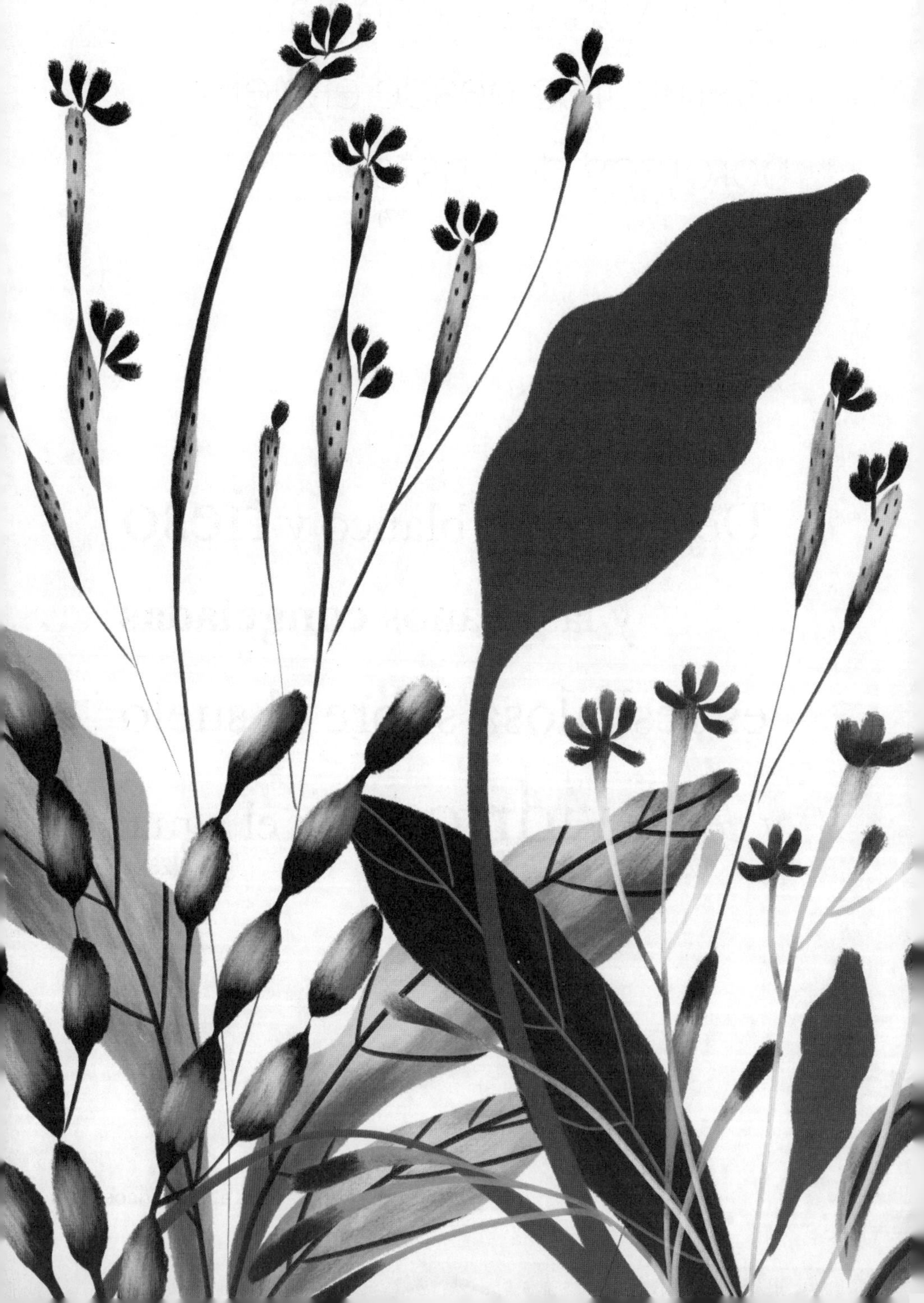

Las estaciones del año en Chile

Tengo una bella prima

siempre **septiembre** la espera

llega con muchas *flores*

mi prima se llama Vera
(29)

Entre junio y agosto
llega una gris visita
nos trae mucho frío
y desde el cielo gotitas.
(30)

Conozco a un señor
que tiene su reino en enero
trae mucho calor
y empieza a marcharse en febrero.
(31)

A este niño siempre lo hallo

botando de mi árbol cada hoja

sopla en marzo y en mayo

pero con él nadie se enoja.
(32)

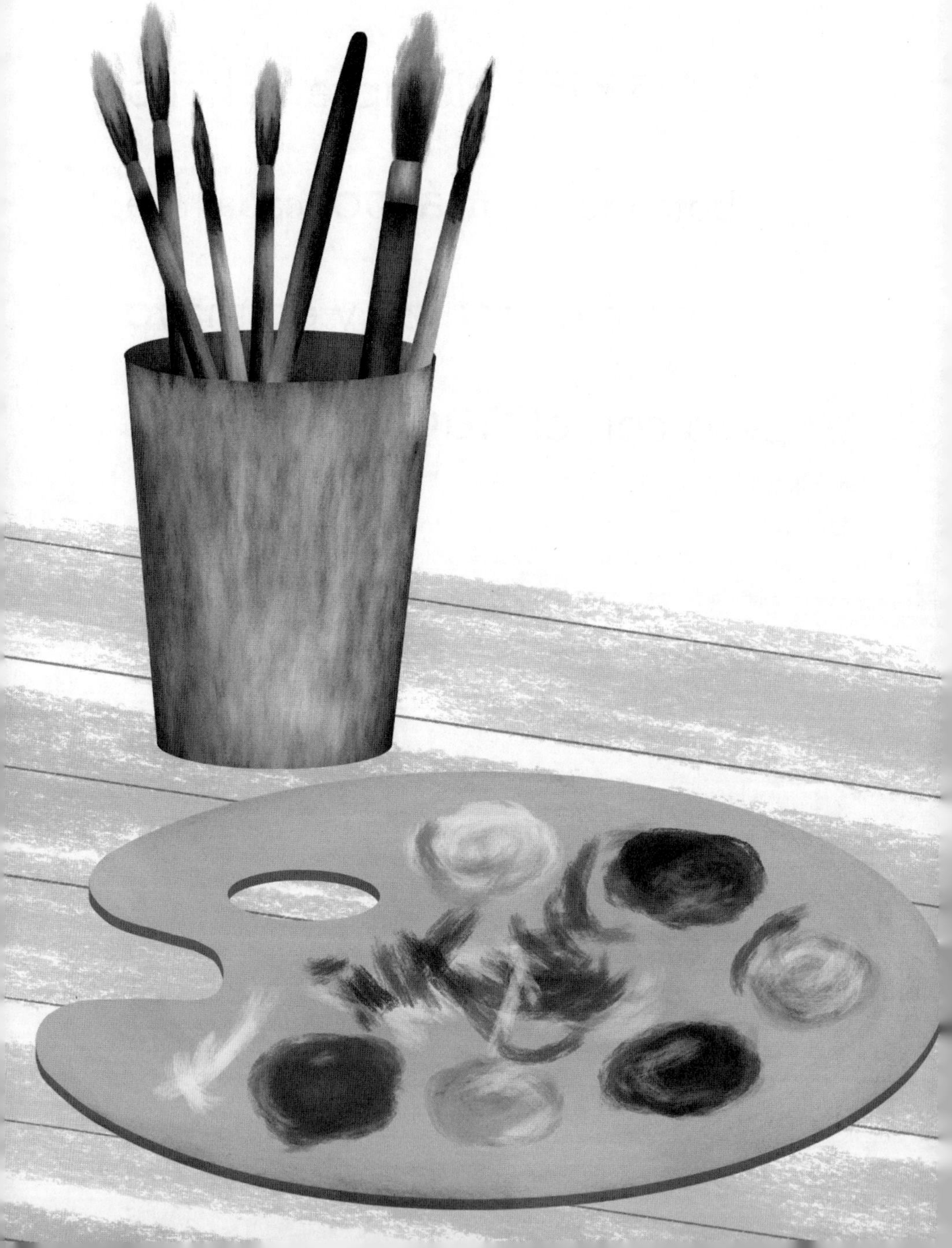

Los colores

Yo pinto el cielo

    y también pinto el mar

estoy en las estrellas

y en la bandera nacional.

(33)

En el sol de la mañana

tú me puedes encontrar

en las plumas de un canario

y en el oro de un collar.
(34)

Me puedes ver en la nieve

y en los granitos de sal

pinto el vestido de novia

y las espumas del mar.
(35)

Puedes verme en el pasto

y en el traje de un lorito

también visto las plantas

y pinto algunos ojitos.
(36)

Pinto el pecho de una loica

y las brasas de un fogón

pinto al sol en cada tarde

y a tu propio corazón.
(37)

Aunque no quieras creer

yo estoy siempre en tu sombra

en la noche más oscura

y en el túnel que te asombra.
(38)

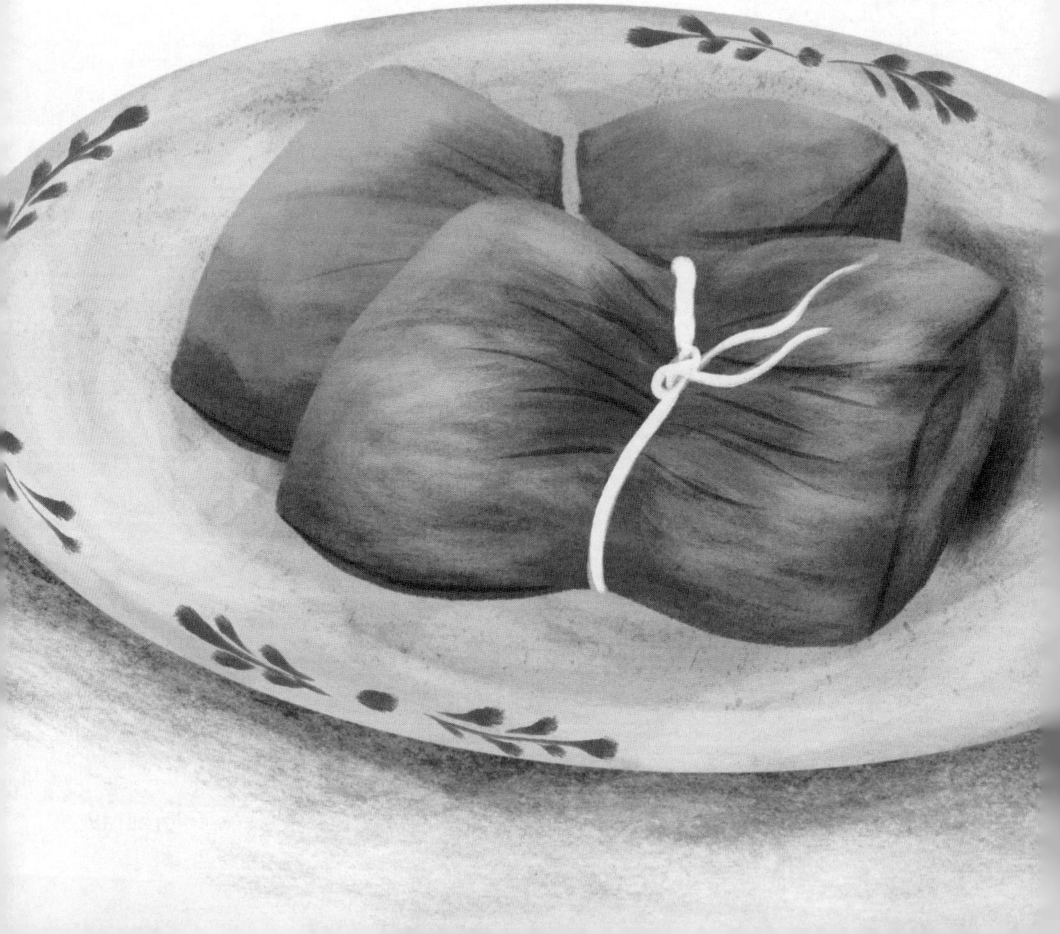

Alimentos chilenos

Cebolla, carne, aceituna

el huevo duro y la pasa

bailan todos felices

en una casita de masa.
(39)

Se bañan en una piscina
la carne, el zapallo y la papa
se cubren con el cilantro
las saca una cuchara.
(40)

No es dulce, pero es pastel
no es bosque, pero tiene pino
se come en un plato de greda
no es sol, pero es amarillo.
(41)

Voy vestida de verde

con hojas que no son de papel

tengo una linda cintura

con cinturón de cordel.
(42)

Soy redondita y sabrosa
soy señorita muy fina
manos amasan mi masa
de sal, zapallo y harina.
(43)

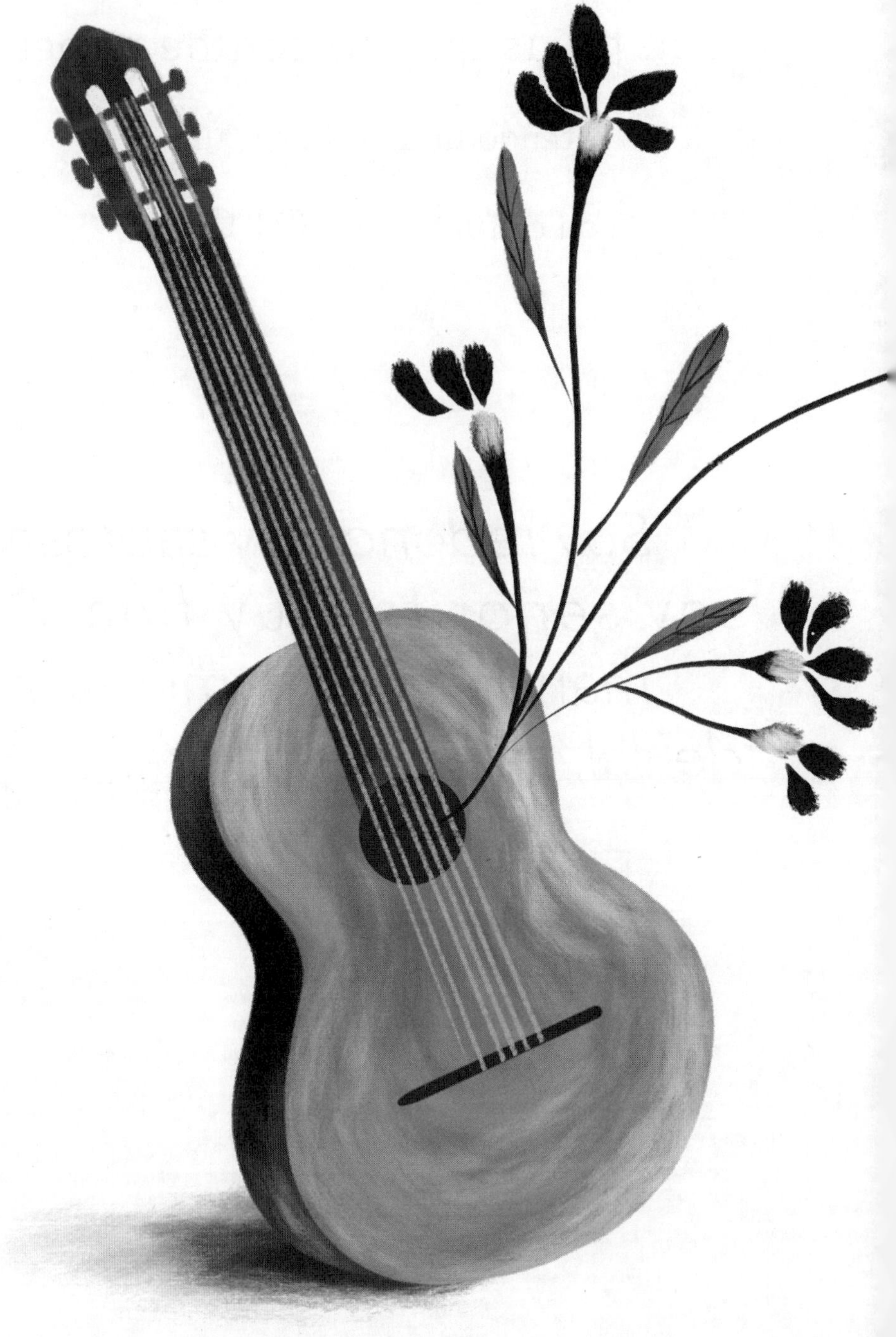

Instrumentos musicales chilenos

Madera ahuecada y cuero

es un sencillo t a m b o r

toca que toca **la machi**

al ritmo de su c o r a z ó n.
(44)

Es instrumento mapuche

      sonoro, largo y delgado

se sopla como una trompeta

hasta quedar a g o t a d o .
(45)

Una mujer de madera
larga de cuello, linda cintura
canta tonadas y cuecas
con sus cuerdas y posturas.
(46)

Un mudo quirquincho que canta

las alegrías y penas

pequeña guitarra que encanta

con su hermanita la quena.
(47)

Sopla y sopla la caña
flauta que silba y que suena
andino es este instrumento
acompaña al quirquincho con cuerdas.
(48)

Tengo muchos tubitos en fila
        de distinto tamaño ellos son
si los vas soplando de a uno
     melodía de viento te doy.
(49)

Van en un aro de madera
    pequeños platillos de metal
    le doy el ritmo a la cueca
    si unas manos me hacen sonar.
(50)

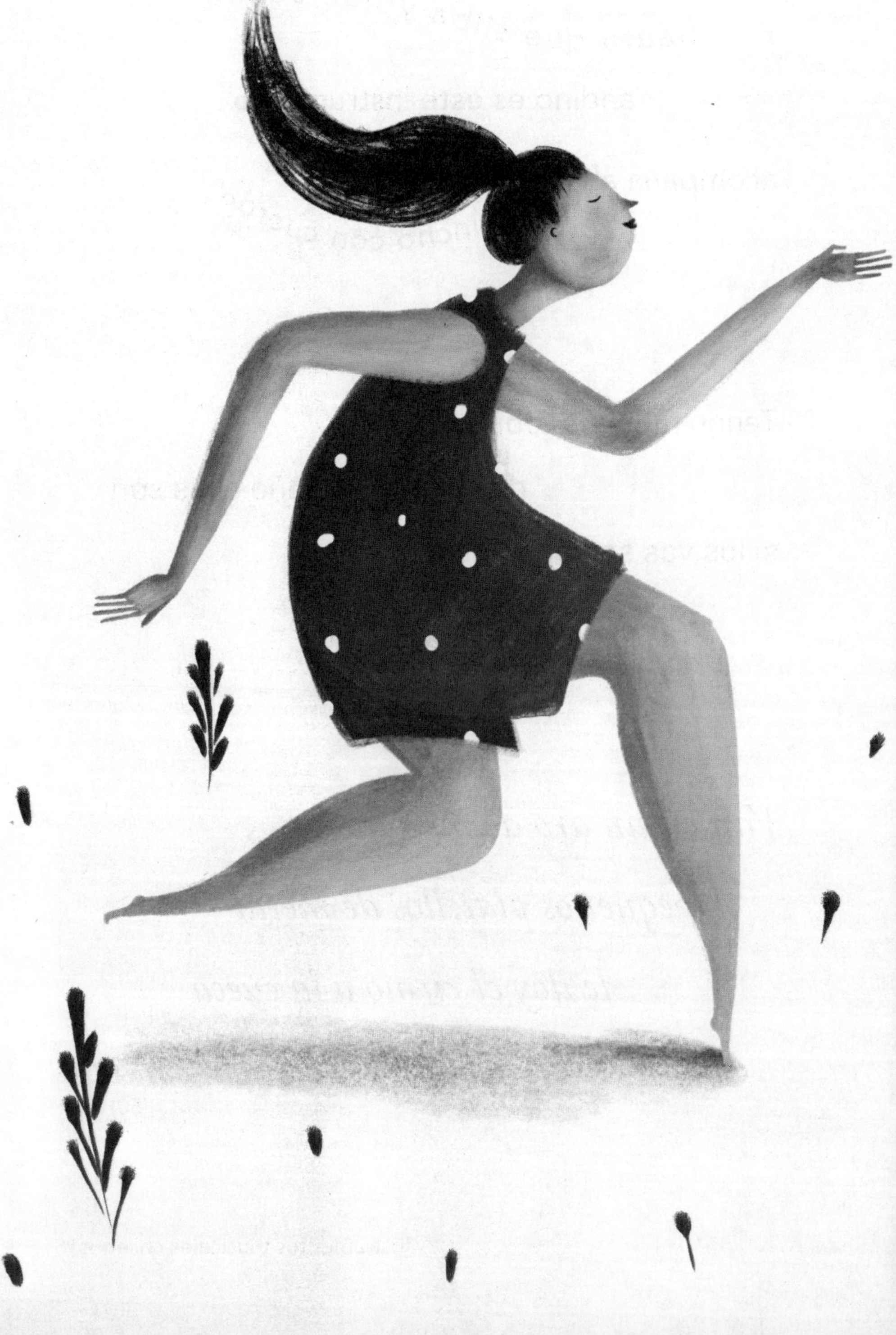

Partes del cuerpo

Son cinco hermanos juntitos

y tienen distintos tamaños

entre todos toman las cosas

se mojan si lavas tus manos.
(51)

Caminan por todas partes

van dentro de unos zapatos

pueden correr en la arena

o dejar su huella en el barro.
(52)

Caminar, correr o saltar

también descansar y e s t i r a r s e

van de tu cuerpo hasta el suelo

se doblan si quieres sentarte.
(53)

Con ellas dices adiós

también saludas con ellas

quisieras poder usarlas

para tocar las estrellas.
(54)

66 | Partes del cuerpo

Empiezan en tus hombros
y terminan en tus manos
          con mucho cariño abrazan
        a tus papás y hermanos.
(55)

En *ella* llevas tus ojos

           tu boca, nariz y orejas
a veces va *alegre*; otras, *triste*
     o enojada con sus cejas.
(56)

Está sobre tus hombros

    y sobre ella llevas el pelo

   el cuello te la sostiene

   y a veces lleva sombrero.
(57)

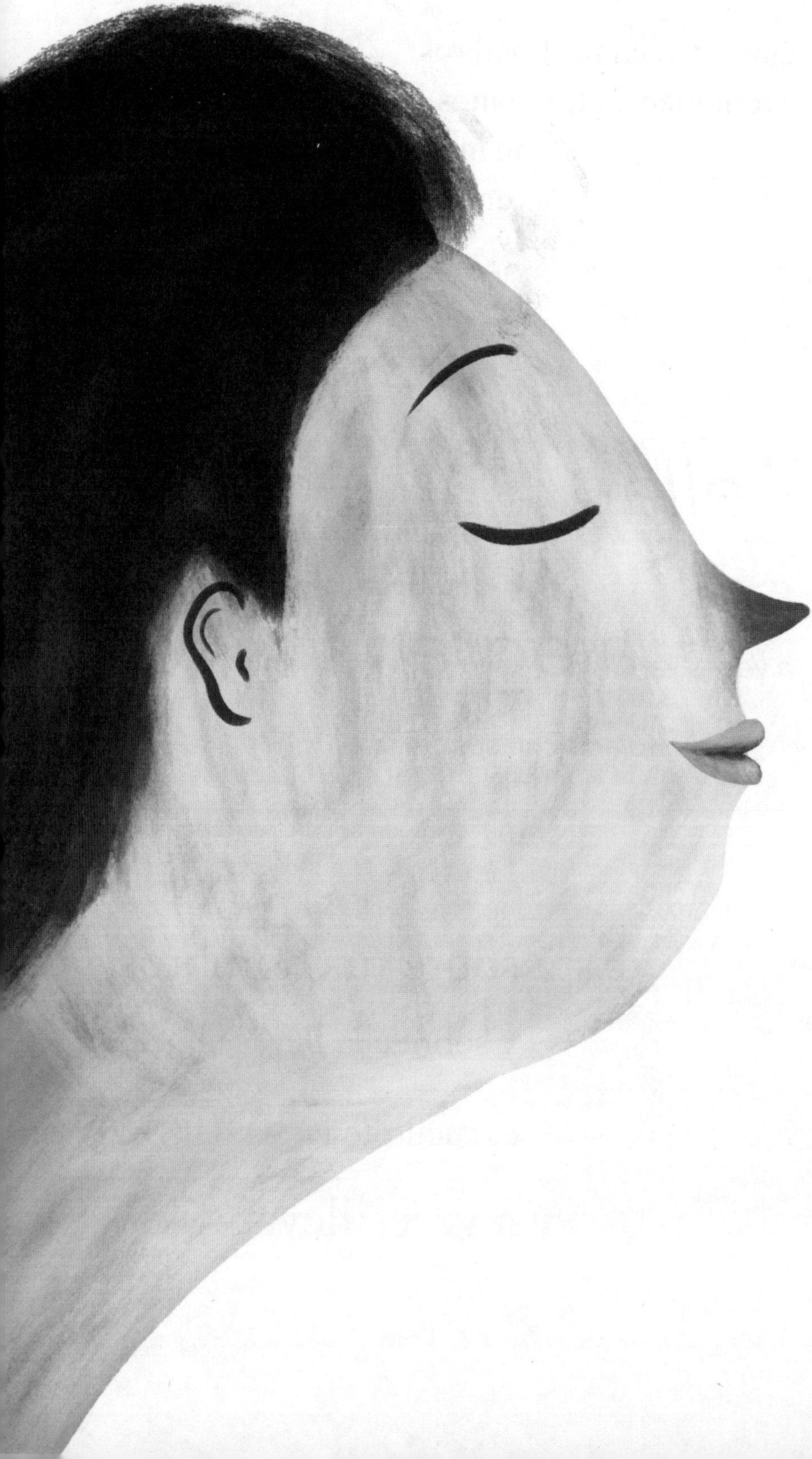

Partes de la cara

Están bajo mi frente

y encima de mis ojos

se me suben si me asusto

se me bajan si me enojo.
(58)

En ella termina mi cara
    en ella comienza mi cuello
lleva un nombre de fruta
  y la barba del Viejo Pascuero.
(59)

Siempre protegen mis ojos
son dos pequeñas ventanas
se cierran cuando yo duermo
se abren cada mañana.
(60)

Es la casa de los dientes
por ahí mi lengua asomo
con ella doy un beso
digo «pan» y me lo como.
(61)

Con ella puedo saber

el sabor de lo que como

y para hacerte rabiar

a veces yo te la asomo.
(62)

Por sus dos ventanitas
entra todo olor
el de una frutita
y también de una flor.
(63)

Partes de la cara | 73

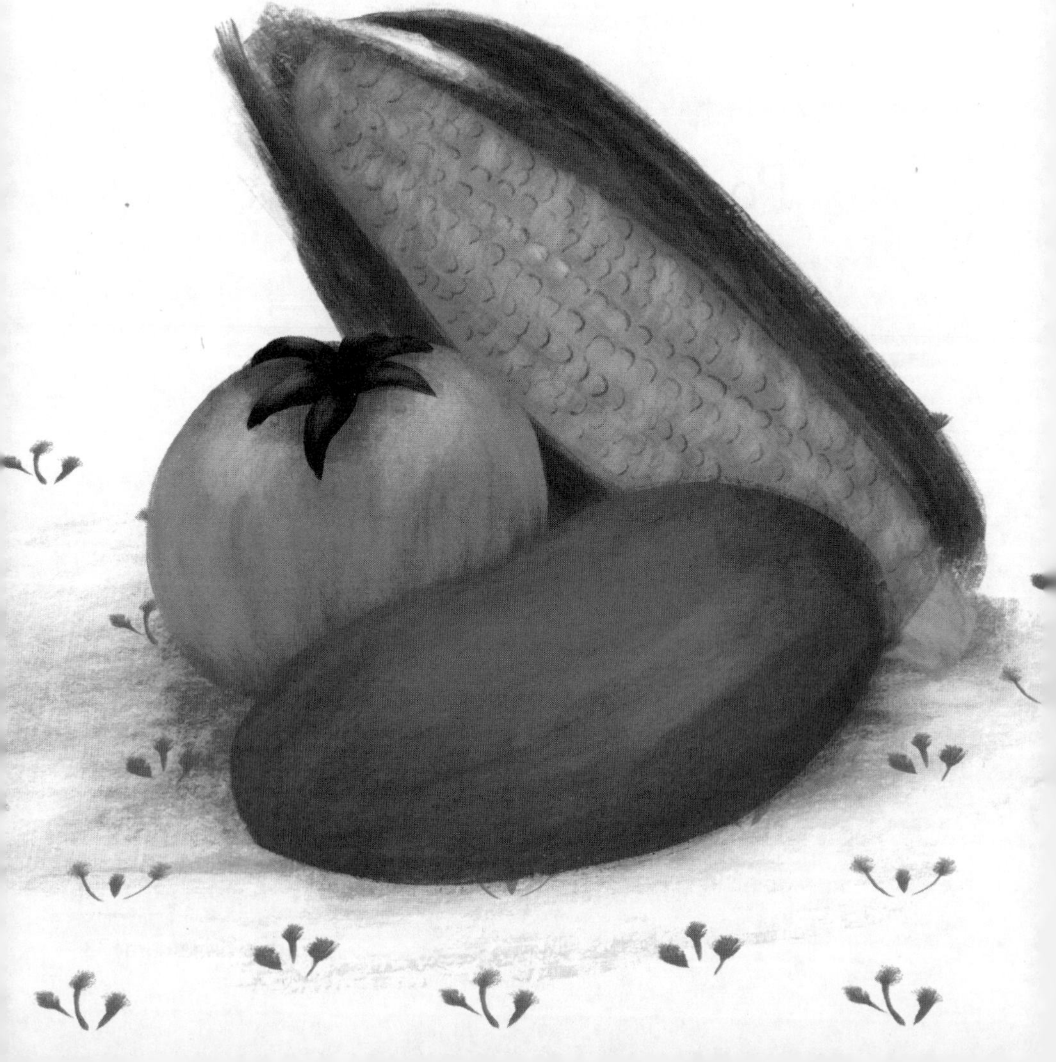

Frutas y verduras

Soy redondo y colorado

me cortan como rueditas

en la ensalada chilena

me cubre la cebollita.
(64)

Me gusta vestirme de verde
me maquillo de aceite y limón
soy reina de las ensaladas
y fresca soy mucho mejor.
(65)

Me encuentran en la cazuela
en un pastel y una humita
mi cuerpo está hecho de granos
y los cubre una verde capita.
(66)

No soy papa de guagua
ni el papa que vive en Roma
no soy papa de media
de la tierra soy reina y señora.
(67)

Una novia redonda y muy fina
de blanco se quiere casar
si le rompo el vestido de novia
seguro que me hace llorar.
(68)

Solitaria se ve en los platos
verde oscura en sus capas
capas que con limón y vinagre
de comerlas ninguna se escapa.
(69)

No soy una linda naranja

pero tengo su lindo color

parezco un cono de helado

y a un conejo le doy mi sabor.
(70)

Frutas y verduras | 79

ioa

Las vocales

Tiene **colita** y es como un aro

con ella se escribe **mamá**

primera en el **abecedario**

¿cuál de las **letras** será?
(71)

Si quieres decir elefante

tres veces se repetirá

avión que da vuelta en el aire

hacia arriba y hacia abajo va.
(72)

De sombrero tiene un puntito

y es flaca como un tallarín

está al inicio de Ignacio

y en el medio de fin.
(73)

Es redonda como anillo
como la Luna y el Sol
hay dos en la palabra oso
y una si gritamos ¡gol!
(74)

Usando esta vocal

una vaca dice muuuu

y también para asustarte

un fantasma dice buuuu.
(75)

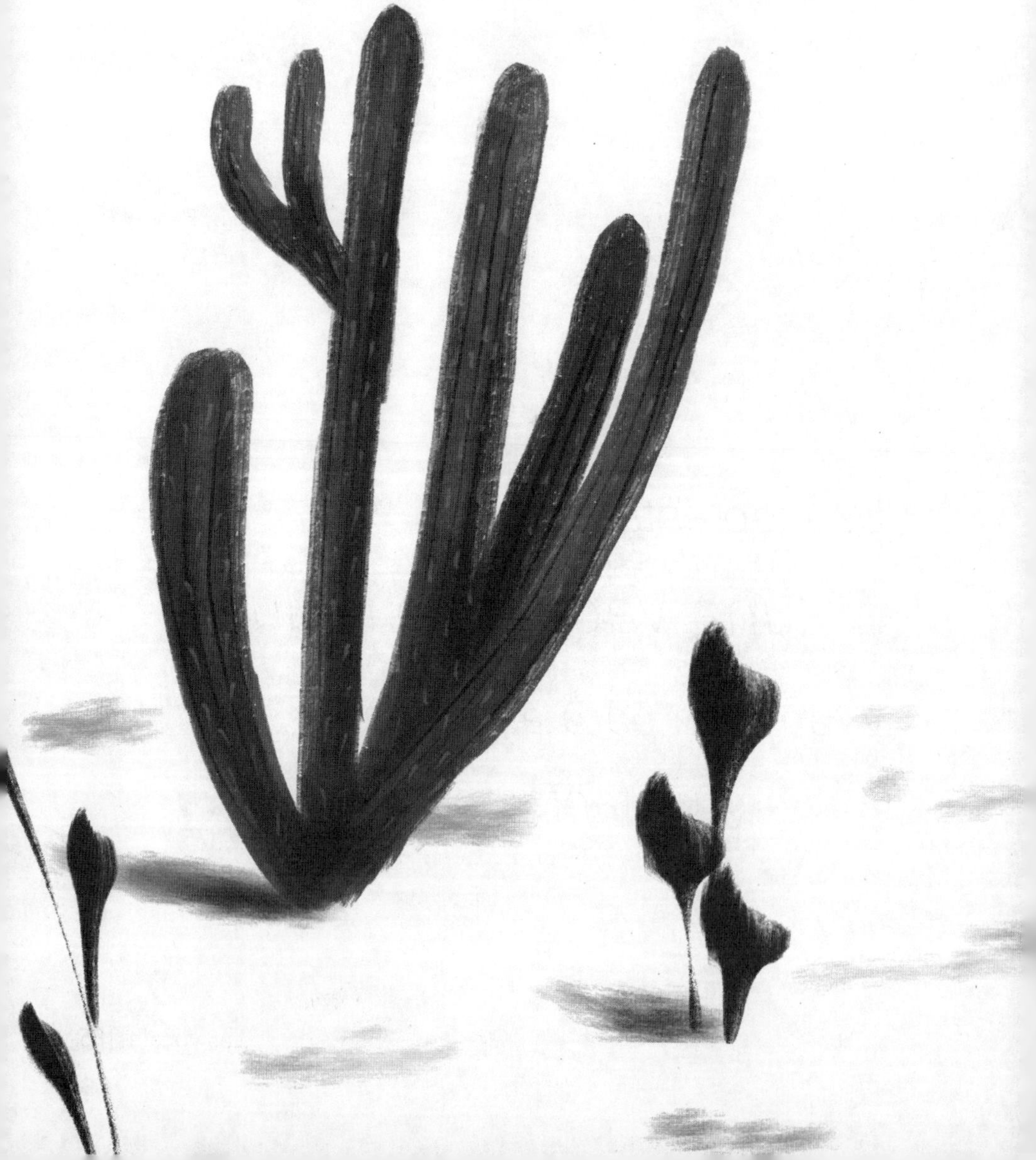

Flora de Chile

Tiene forma de campana

rojo es su color natural

seis pétalos en orden

es nuestra flor nacional.
(76)

Redondo, largo o pequeño

siempre es de temer

tiene agujas por cientos

si lo tocas te puede doler.
(77)

Su nombre viene de Arauco

grande es su tronco en el suelo

con ramas en la cabeza

se pierde este pino en el cielo.
(78)

De ella cuelgan las uvas

se trepa por un parrón

o está de pie ordenadita

en verdes hileras al sol.
(79)

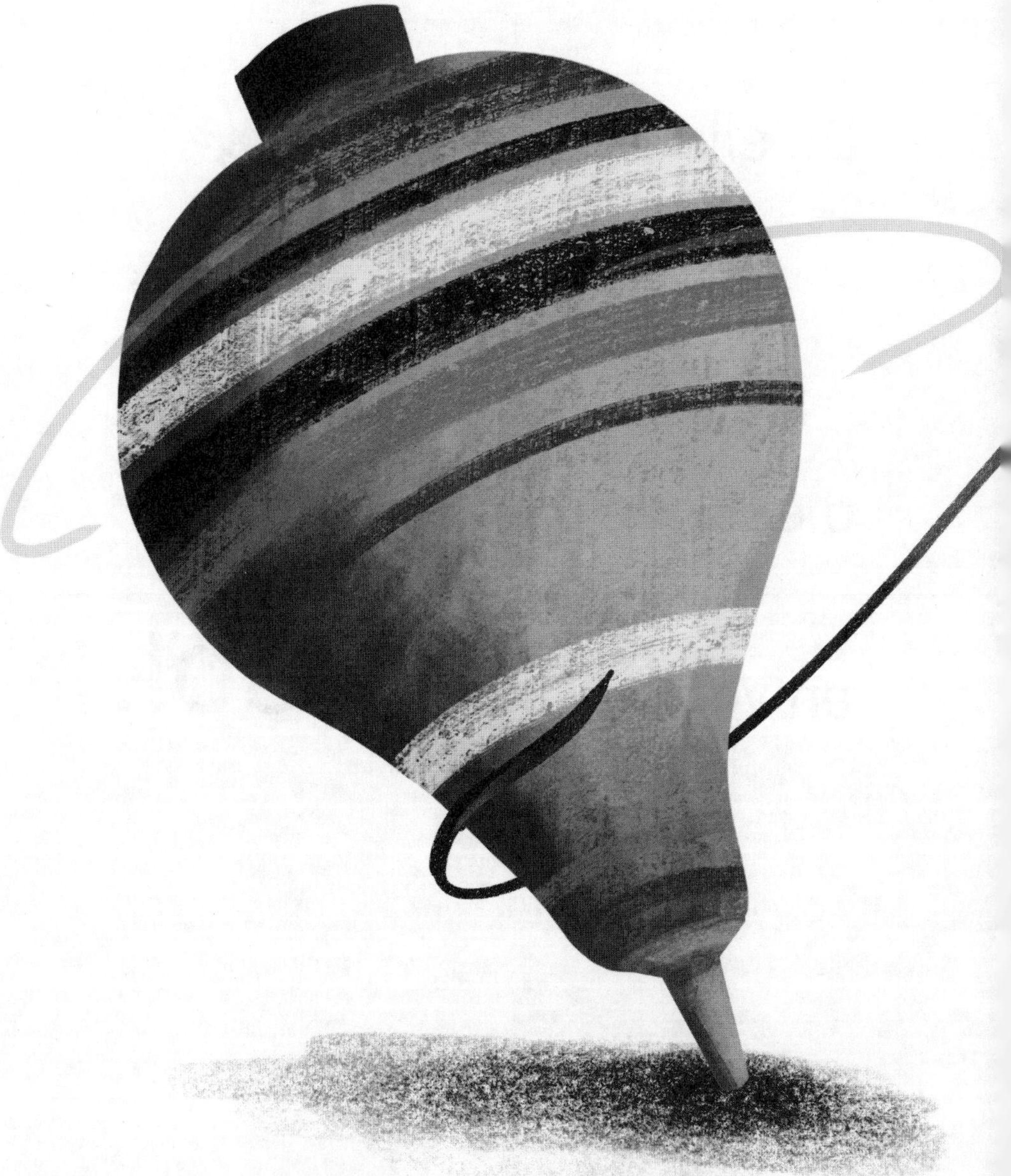

Juegos chilenos tradicionales

Un mástil muy resbaloso

que no es de una bandera

hay que subirlo hasta arriba

porque un premio te espera.
(80)

*Hay que seguirlo corriendo
hasta que alguien lo atrapa
a este gordito chiquito
que huye en sus cuatro patas.*
(81)

De madera está hecho su cuerpo
y tiene un pie de metal
lo hace girar una cuerda
pero no es fácil que quiera bailar.
(82)

Se eleva por los cielos
con su traje de papel
vuela a puros tirones
que le hace su cordel.
(83)

Campanita de madera
mucho hay que practicar
ayudado de una cuerda
un palito hay que embocar.
(84)

Cinco cubitos con pecas

en cinco vasos de cuero

el toro lleva en la frente

el nombre de este juego.
(85)

Yo soy pariente del sapo

      pero de bronce yo soy

el que le apunta a mi boca

es el feliz ganador.
(86)

Todos arrancan de ti

a todos rápido sigues

si a otro tocas lo pintas

y ahora ese otro persigue.
(87)

Dentro de un saco de papas

van tus piernas y tus pies

corres saltando en el suelo

te caes si das un traspié.
(88)

Entre hilos una ruedita

la haces girar y girar

de tanta vuelta, vueltita

de pronto empieza a zumbar.
(89)

Pequeñas piedritas redondas

de acero o de cristal

se juega haciendo una ronda

se gana al hacerlas chocar.
(90)

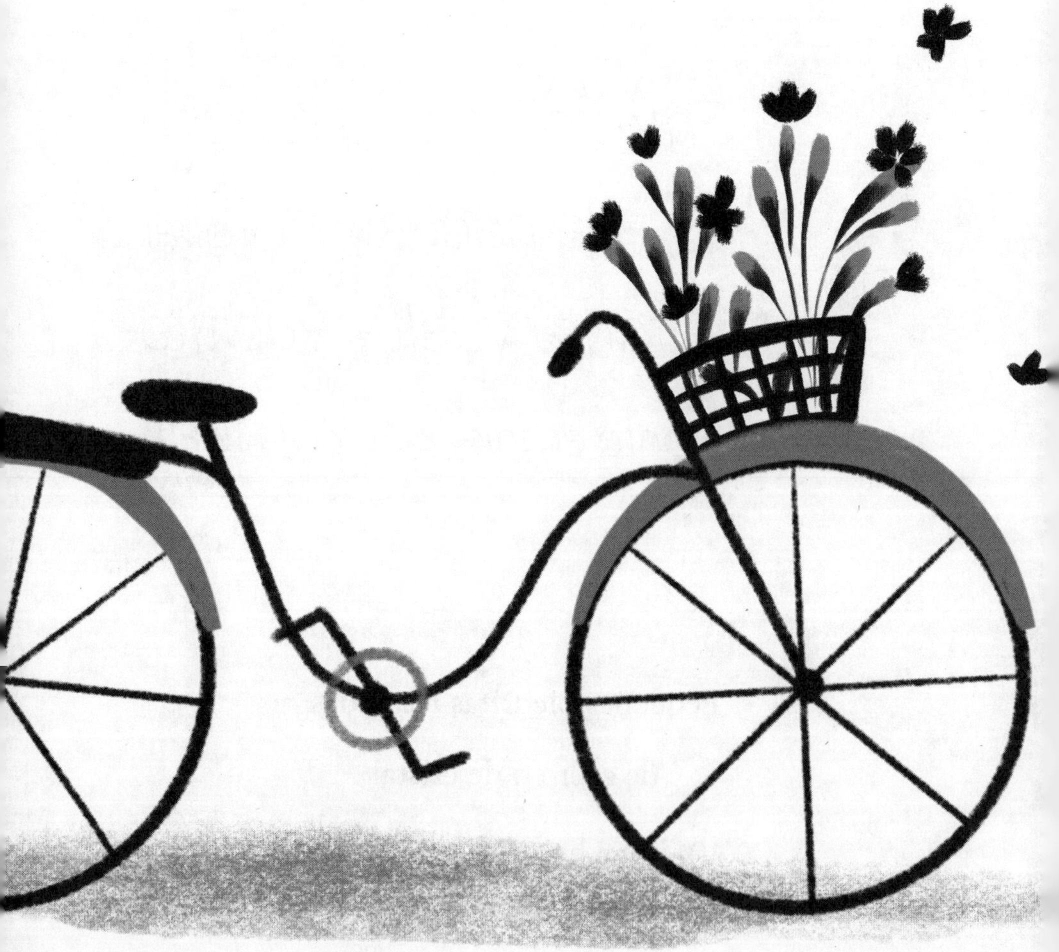

Medios de transporte

Tiene cuatro ruedas

y un redondo volante

una maleta detrás

y un chofer adelante.
(91)

Tiene alas y va por el cielo
sin embargo no es un ave
despega desde el suelo
como voladora nave.
(92)

Cuncuna parece o lombriz
que por la tierra corre
hace chiqui, chiqui, chi
y por dos líneas recorre.
(93)

Tiene manubrio y dos ruedas

se mueve si vas pedaleando

en las antiguas o nuevas

tu equilibrio vas probando.
(94)

Por el agua se desplaza

este gigante del mar

navega y no descansa

hasta a un puerto arribar.
(95)

Vagón tras vagón
se desplaza día y noche
anuncia cada estación
eléctricos son sus coches.
(96)

En el paradero en que estás
ves vendedores, cantantes
la gente baja por detrás
y se sube por delante.
(97)

Dos ruedas y un motor
para dos es su capacidad
la maneja un conductor
a buena velocidad.
(98)

Va más allá de los cielos
a un planeta llegará
astronautas manejan su vuelo
a la Tierra volverá.
(99)

Tiene grandes las ruedas
y por la carretera va
lleva carga a cuestas
y las cuestas lento subirá.
(100)

Un matapiojos parece

hace un ruido infernal

se detiene en el cielo

hace sus aspas girar.
(101)

RESPUESTAS

Fauna de Chile
(1) El huemul
(2) El zorro chilla
(3) La llama
(4) El puma
(5) El lobo marino
(6) La vizcacha

Aves de Chile
(7) El cóndor
(8) La gaviota
(9) El zorzal
(10) El chincol
(11) El sietecolores
(12) El picaflor
(13) El tordo

Elementos del universo
(14) La estrella
(15) El cometa
(16) La Luna
(17) El Sol
(18) La Tierra

Elementos de la naturaleza
(19) El mar
(20) El río
(21) El volcán
(22) El témpano

Fenómenos atmosféricos
(23) El viento
(24) La nube
(25) La lluvia
(26) Los copos de nieve, o la nieve
(27) El granizo
(28) La escarcha

Las estaciones del año en Chile
(29) La primavera
(30) El invierno
(31) El verano
(32) El otoño

Los colores
(33) El azul
(34) El amarillo
(35) El blanco
(36) El verde
(37) El rojo
(38) El negro

Alimentos chilenos
(39) La empanada
(40) La cazuela
(41) El pastel de choclo
(42) La humita
(43) La sopaipilla

Instrumentos musicales chilenos
(44) El kultrún
(45) La trutruca
(46) La guitarra
(47) El charango
(48) La quena

(49) La zampoña
(50) El pandero

Partes del cuerpo
(51) Los dedos
(52) Los pies
(53) Las piernas
(54) Las manos
(55) Los brazos
(56) La cara
(57) La cabeza

Partes de la cara
(58) Las cejas
(59) La pera
(60) Los párpados
(61) La boca
(62) La lengua
(63) La nariz

Frutas y verduras
(64) El tomate
(65) La lechuga
(66) El choclo
(67) La papa
(68) La cebolla
(69) La alcachofa
(70) La zanahoria

Las vocales
(71) La a
(72) La e
(73) La i
(74) La o
(75) La u

Flora de Chile
(76) El copihue
(77) El cactus
(78) La araucaria
(79) La parra

Juegos chilenos tradicionales
(80) El palo ensebado
(81) Perseguir el chanchito
(82) El trompo
(83) El volantín
(84) El emboque
(85) El cacho
(86) La rana
(87) El pillarse o la pinta
(88) La carrera de ensacados
(89) El run run
(90) Las bolitas

Medios de transporte
(91) El auto
(92) El avión
(93) El tren
(94) La bicicleta
(95) El barco
(96) El metro
(97) La micro, el bus
(98) La moto, la motoneta
(99) La nave espacial, el cohete
(100) El camión
(101) El helicóptero